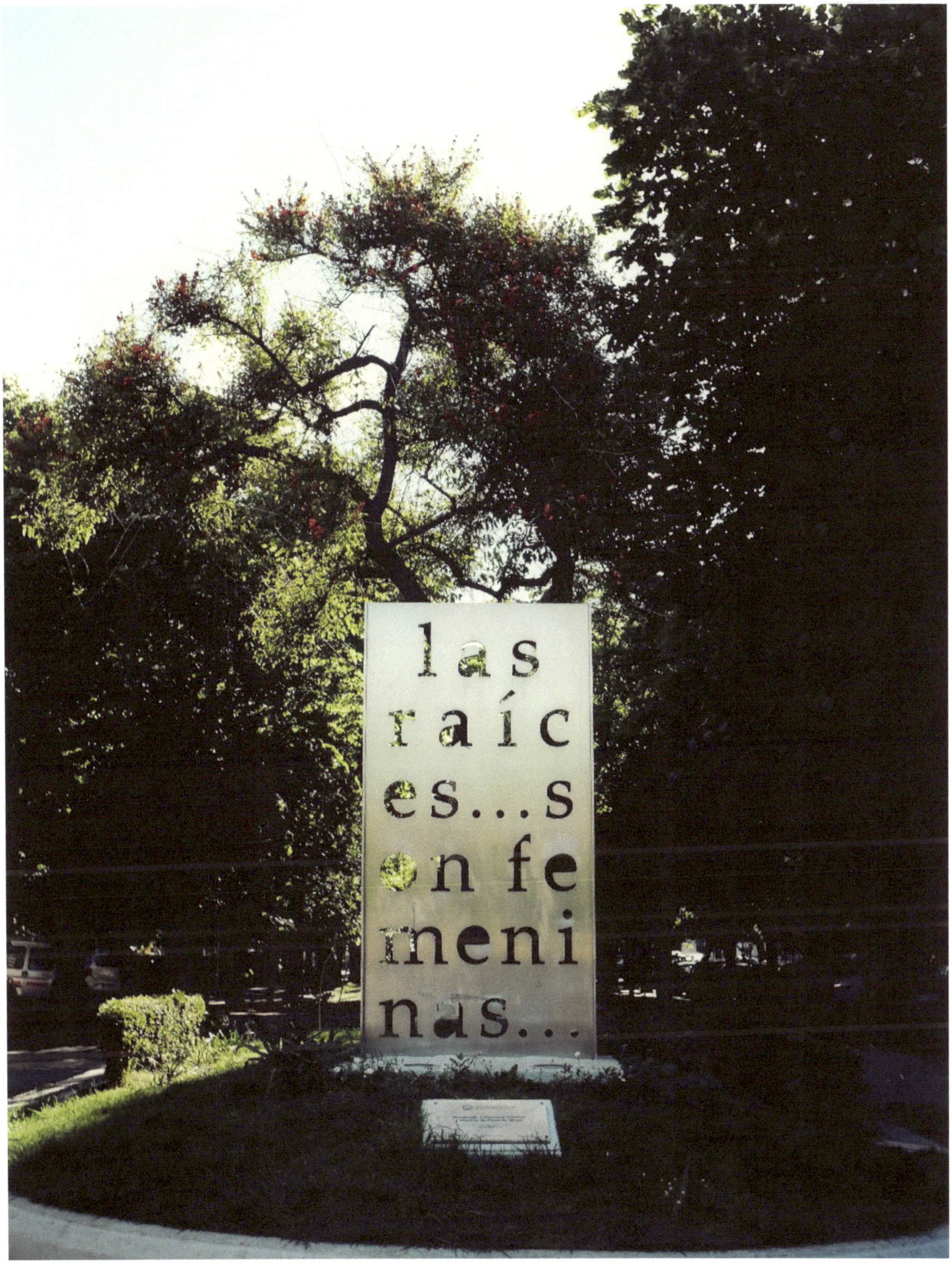

La Diagonal Pueyrredon

Ciudad de Mar del Plata

Una poesía y un poco de historia

Nos acompañarán en un hermoso paseo

La Diagonal Pueyrredon

La Avenida de los tilos

Sara Noemí Mendiara

En 1983 vinimos a vivir a Mar del Plata con nuestras pequeñas hijas de seis y cuatro años. Desde la primera vez que salimos a pasear por esta hermosa ciudad la Diagonal Pueyrredon atrapó mi atención.

Después de muchos años decidí escribir lo que sentía y así surgieron mis palabras para las Plazoletas de la Diagonal. Pensé que los maestros, los estudiantes, todos tendríamos tanto para aprender allí. Deseo mucho que el lector disfrute del paseo, sienta la belleza de recordar, compartir y conocer…

Los ayudará, en este paseo: una poesía, unas fotos y un registro de las esculturas, carteles y placas. ¡Tanto se puede recordar en este paseo! Además, deseo recordar como parte de estas Plazoletas, la eterna existencia de las siguientes personas:

- María Wérnicke y su bella poesía: "Avenida de los tilos"
- Marcos Montoya quien escribió para la poesía una inolvidable melodía.
- Luciana quien con su hermosa voz hizo vivir la poesía y la música.

Me gustaría mucho que esta poesía, estas fotos, el detallado registro de placas, obras y mis comentarios contribuyan a mejorar las tareas destinadas al mantenimiento de las Plazoletas de nuestra querida Diagonal Pueyrredon.

La poesía la escribí en el año 2013. Las primeras fotos también las registré en ese año. A partir de entonces, en mis reiterados paseos, siempre vi más o menos lo mismo. Sin embargo, últimamente las imágenes me transmitieron cierta tristeza porque cada vez apreciaba que algo faltaba. Varias placas estaban deterioradas. Puede ser que en el futuro se deterioren más o desaparezcan. Podrán ser restauradas. En este trabajo registré la información que tenían las placas y los carteles a partir del año 2013. Me alegró mucho conocer la obra desarrollada por la restauradora **Costanza Addiechi**. Nuestra ciudad merece que la cuidemos y sin duda ya *llegarán más obras a nuestra hermosa Avenida de los tilos. Ya limpiaron y pintaron algunas de las esculturas.*

Me atrevo a comentar que es necesario un mantenimiento diario para que todo perdure en el tiempo. Me gustaría proponer que se destine mayor cantidad de personal para el cuidado de los espacios públicos. Lamentablemente, parece que siempre existirán los que están para destruir y la mejor manera de combatirlos es cuidar.

*¡Qué siempre podamos admirar la obra de la página 1: "**Las raíces son femeninas**"! Su autora, Marie Orensanz, nació en Mar del Plata en 1936. La obra se inauguró el 30 de abril de 2010 en homenaje a **Azucena Villaflor y a las madres de Plaza de mayo** (ver la placa 1, página 33). Detrás de la obra de Marie Orensanz puede observarse un hermoso ceibo, el cual fue plantado el 23 de mayo de 1988, en homenaje a los detenidos desaparecidos durante la última Dictadura Militar (ver la placa 11, página 37).*

Un gran abrazo, Sara

Agradecimientos:

-A Luis, mi esposo que siempre apoya mis ideas y las engrandece con sus comentarios.

-A Ariel, nuestro hijo que siempre soluciona mis problemas computacionales y adapta las figuras excelentemente.
 Ariel Mario Perissinotti es fotógrafo, reportero gráfico y periodista. Mar del Plata. Buenos Aires, Argentina. Es el diseñador de la portada y le pertenecen las fotos de la página inicial y las del año 2017.

-A Mariana Boh por sus consejos.
Mariana Boh, MB Editorial, Miramar. Buenos Aires, Argentina.

-A los realizadores del *XXXI Congreso de Historia Regional, Doctor Juan Héctor Jara*, (21 al 25 de septiembre de 2020). Los realizadores aceptaron este trabajo y actualmente se encuentra en la *Biblioteca Ing. Julio Rateriy (Mar del Plata).*

Poesía: *página 7*

Partes de la poesía: *página 12*

Se seleccionaron Partes de la poesía o conjuntos de versos para ilustrar nuestro paseo.

Esculturas y Placas: *página 27*

Detalles y más comentarios. (En algunos casos muy importantes porque completan la información).

Poesía: La Diagonal Pueyrredon

Esta poesía la dedico a uno de nuestros bellos lugares culturales:

A las Plazoletas de la Diagonal Pueyrredon

Mar del Plata

La Diagonal Pueyrredon
Desde la Avenida Independencia hasta la calle Hipólito Yrigoyen.

Tantas veces caminé por este lugar,
pero ninguna vez te vi, ninguna vez los vi.
Pasé sin sentir, pasé sin mirar.
Sin notar que alguien vestía esta ciudad.
Ahora, mi atención está alerta.
Muy necesario mi ser se siente,
al mirar y apreciar los recuerdos
que estas hermosas Plazoletas reviven.
Son parte de la memoria, de la vida,
de mis siglos XX y XXI.

Tantas veces caminé por este lugar
pero ninguna vez los vi.
Estaban allí, esperando de mí.
De mi atención ausente.
Estaban allí, esperando de mí.
Para sorprender a mi pensamiento.
Para despertar mis recuerdos.
Todo allí parece agradecerme:
«*Cuando alguien lee nuestras historias ¡revivimos!*
»*Cuando alguien se interesa por nuestras vidas ¡rebrotamos!*
»*Todo se ilumina, se viste de alegría.*
»*¡Acércate! Aprende sobre nosotros.*
»*¡Acércate! Aprende de nosotros.*

Con el tango en el aire,
iluminado por el sol,
Carlos Gardel nos mira.
Muy satisfecho de pertenecer a los marplatenses.
¡Aquí! En su pintoresca Plazoleta,
sonríe y descansa.

A la izquierda del zorzal criollo,
otra pequeña Plazoleta,
recuerda a Alejandro Olmos.
Un luchador… ¡Nos quiso enseñar!
¡La deuda externa es un abuso!
Creo, que no entendimos.
Creo, que no supimos escuchar.

Sigue una extensa Plazoleta…
¡Más que sombría!
Una placa gris, de difícil lectura,
en honor al cuerpo de bomberos.
Y… casi no entiendo…
¡Es la Plazoleta del Tango!
Allí brilla, en la sombra, Agustín Magaldi.
Opuesta, escondida, borrosa,
una pequeña placa nos recuerda
al cantor marplatense Félix Gutiérrez.
En el extremo final,
imponente, tranquilo.
Nos mira Hugo del Carril.
Me parece escuchar, como un susurro…
Un susurro de olas, arrastrado.
Transportado por la suave,
por la fría brisa del mar.
Un susurro que se suma a tantas,
profundas y bellas, voces tangueras.

Aquí está el Dr. Luis Lázaro Zamenhof,
con su sueño de un idioma universal.
¡Esperanto!
Un sueño de fraternidad.
Un sueño para la humanidad.

¡Qué hermosa! Esta Plazoleta de los Derechos Humanos.
Más con un lugar vacío, parece ser, para el árbol de la libertad.
¿Será un simbolismo? ¿Crecerá?
¿Estará esperando la primavera? ¿Estará aprisionado?
Sin duda… Aguarda, a la auténtica libertad.
Caminemos, esperemos…
¡Aquí hay como cinco placas! ¡Siempre hay más!
Sus leyendas entristecen.
Rinden homenaje a los desaparecidos…
Rinden homenaje a Azucena Villaflor.

Me gusta mucho la Plazoleta FORJA,
con su radiante quiosco de plantas y flores.
Siempre alguien se acerca, lee y recuerda,
a nuestro inolvidable Arturo Jauretche.

Un poco más allá, un poco alejado.
Allí está Don Hipólito Yrigoyen ¡Un grande!
Su mirada seria y un poco triste se pierde en la ciudad.
No mira la Diagonal, ni adelante, ni hacia atrás.
Está preocupado… su país, nuestro país…
Aún transita con dificultad.

Plazoletas de la Diagonal,
tienen tanto guardado,
sus interesantes historias me enseñan,
me sorprenden, me cautivan.
Me traen música, me traen canto.
Despertaron mi alma, me acercaron sueños.
Caminar es un deleite,
con tantas vidas contadas,
con tanta vida aguardando.
Ya son un tesoro, fácil de compartir.
Un tesoro que me hace sentir bien.

Un tesoro que espera a todos,
a los maestros y a los niños.
Un tesoro que brilla tanto y que me esperó a mí.

Los siguientes versos me gustaría cambiarlos.
¿Suprimirlos? Pero hoy lo siento así:
Te veo hermosa, iluminada.
Cuando los abuelos y los niños persiguen a los pájaros.
Cuando los enamorados te acarician con su mirada.
A veces, te veo abandonada.
Veo a los abandonados,
con trapos por aquí y colchones por allá.
Te veo tan impotente.
 ¡Nadie parece saber qué hacer!
Miro y me siento triste, culpable.
¡No sé qué hacer!
Más que reunir estas palabras…

¡Sacarte fotos! Es un placer.
¡Adiós! ¡Mi hermosa Diagonal!
Hermosa en primavera, hermosa en verano.
Con tus árboles altos, esbeltos,
con frescas hojas acorazonadas.
Tu alma brilla, resplandece.
Perdura, en el triste otoño.
Perdura, en el duro invierno.
Perdurará, en el cálido invierno de mi corazón.

Partes de la poesía

Las esculturas, las placas,

Las fotos y sus leyendas

Ilustran el recorrido

La leyenda de cada foto cuenta la fecha de su captura, el nombre de la Plazoleta y alguna otra pequeña información. A continuación se ilustra con una parte correspondiente de la poesía.
Se encontrará mayor información sobre las placas que muestro en la parte: **Esculturas y Placas en las Plazoletas** *(página 27 a 41)*.

Las placas se catalogaron a partir del año 2013. En las placas se muestran detalles de interés histórico. Algunas de ellas faltan en la actualidad o están muy borrosas.

Siempre nos gusta mirar fotos. Un momento, una expresión, la belleza quedaron allí registradas y desafiaron al tiempo. Muchas veces me sucedió que después, al mirar la foto, recién descubrí muchos detalles del lugar. Era evidente que mis ojos, solos, no abarcaban todo. En algunas fotos descubrí información que no hubiese deseado guardar. Más de una foto, me mostró un colchón y unas mantas en un rincón. Las plantas y el pasto, sabiamente, disimulaban la escena. Lo triste de algunas vidas se mimetizaba en la confusión natural de colores.

En las fotos apreciamos la belleza y también lo haremos al recorrer el lugar. Nadie notaría la ausencia de algunos hermosos carteles con explicaciones que leí años antes. Creo que los van a modernizar o arreglar. ¡Ojalá! No olviden colocarlos en un próximo futuro.

PLAZOLETA CARLOS GARDEL

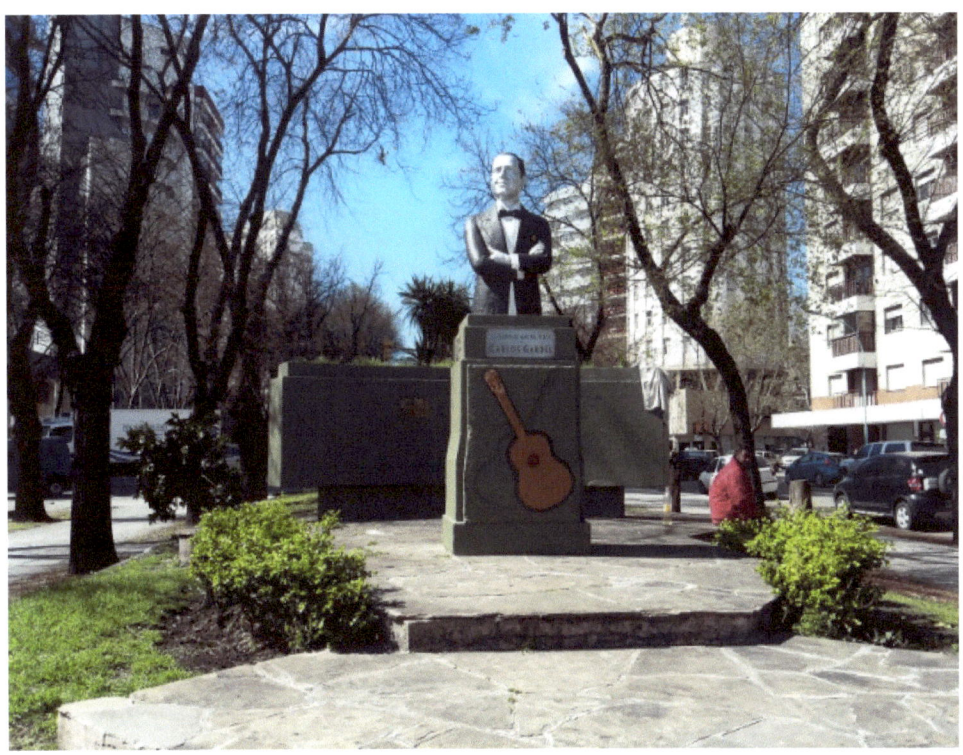

Foto 1: (2 de septiembre de 2016)
Plazoleta Carlos Gardel
La escultura a **Carlos Gardel** fue realizado por el escultor Hidelberg Ferrino en 1981.
Esta foto de la Plazoleta Carlos Gardel creo que es única. Se comentó que un vecino, cansado de ver maltratado a Carlos Gardel, limpió y pintó la escultura. Me gustó mucho.
A principios del año 2018, la restauradora Costanza Addiechi recuperó la obra original. Es la que se observa actualmente.

Con el tango en el aire,
iluminado por el sol,
Carlos Gardel nos mira.
Muy satisfecho de pertenecer a los marplatenses.
¡Aquí! En su pintoresca Plazoleta,
sonríe y descansa.

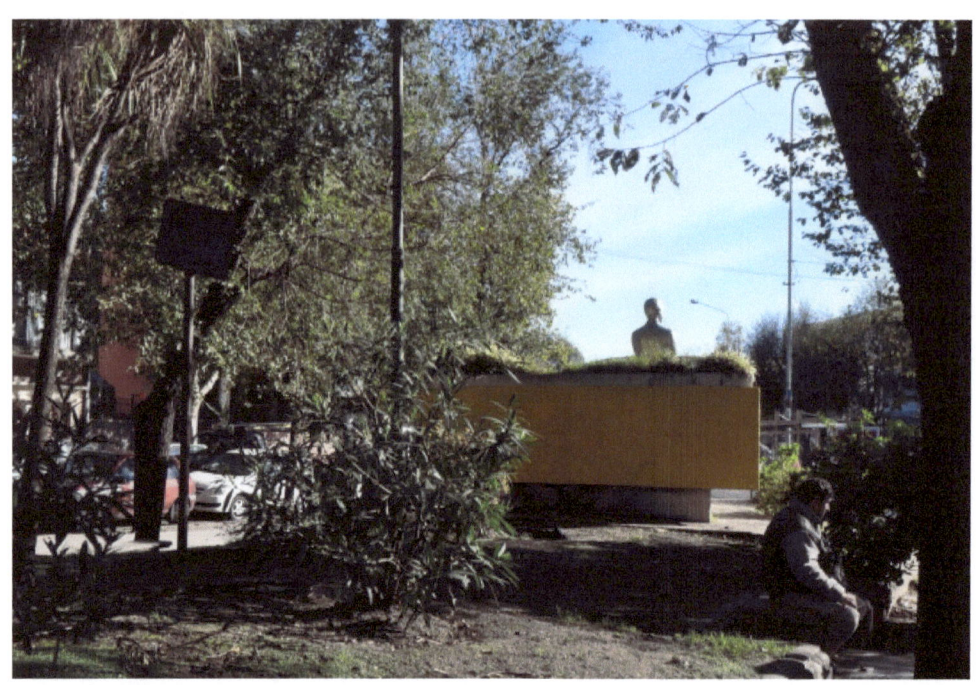

Foto 2: (8 de abril de 2013)
Plazoleta Carlos Gardel, parte trasera. *Carlos Gardel luce dorado, vestido por el sol.*

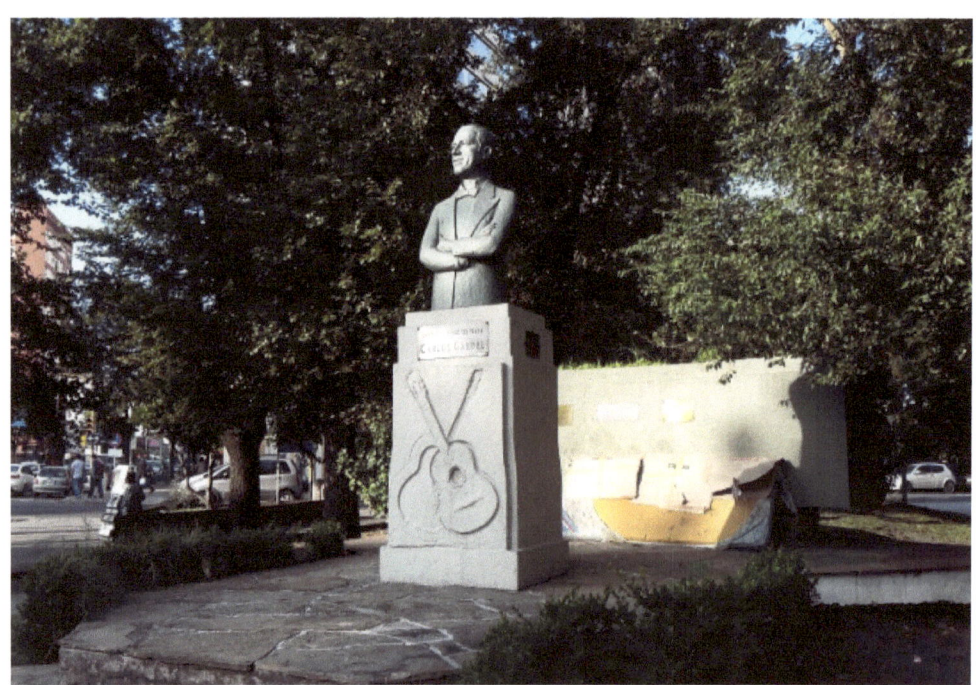

Foto 3: (23 de marzo de 2018)
Plazoleta Carlos Gardel. *(Comentarios: páginas 28)*
Puede observarse la escultura recuperada por la restauradora Costanza Addiechi.
Es muy triste ver aquí un colchón secándose o bajo el sol.
¡Es muy triste si alguien duerme por aquí!

PLAZOLETA ALEJANDRO OLMOS

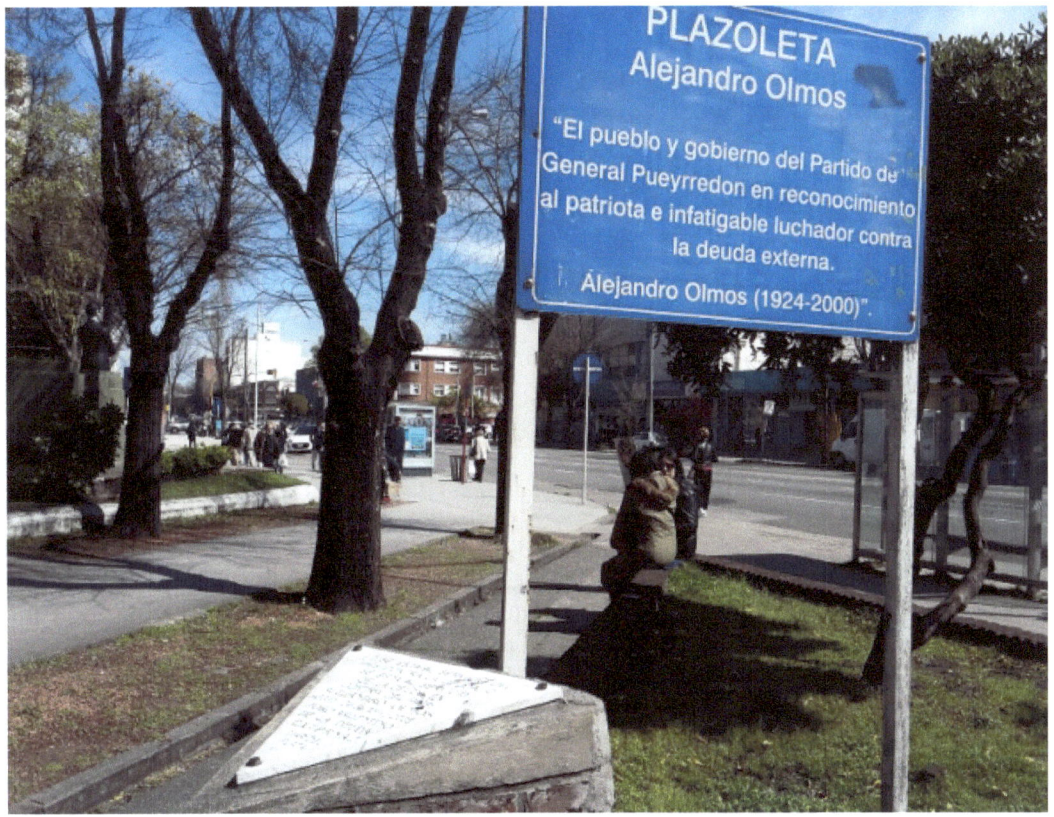

Foto 4: (15 de septiembre de 2016)
Plazoleta Alejandro Olmos

A la izquierda del zorzal criollo,
otra pequeña Plazoleta,
recuerda a Alejandro Olmos.
Un luchador… ¡Nos quiso enseñar!
¡La deuda externa es un abuso!
Creo, que no entendimos.
Creo, que no supimos escuchar.

Se recuerda a Alejandro Olmos a los ocho años de su fallecimiento.

"El Pueblo y gobierno del Partido de General Pueyrredon en reconocimiento al patriota e infatigable luchador contra la deuda externa. Alejandro Olmos (1924 – 2000)".

O SE ESTÁ AL SERVICIO DEL

PAÍS CONTRA LA DEUDA O

SE ESTÁ AL SERVICIO DE LA DEUDA

EN CONTRA DEL PAÍS.

ALEJANDRO OLMOS
2000 – 24 de abril – 2008

FORO ARGENTINO DE LA

DEUDA EXTERNA

MAR DEL PLATA

PLAZOLETA DEL TANGO

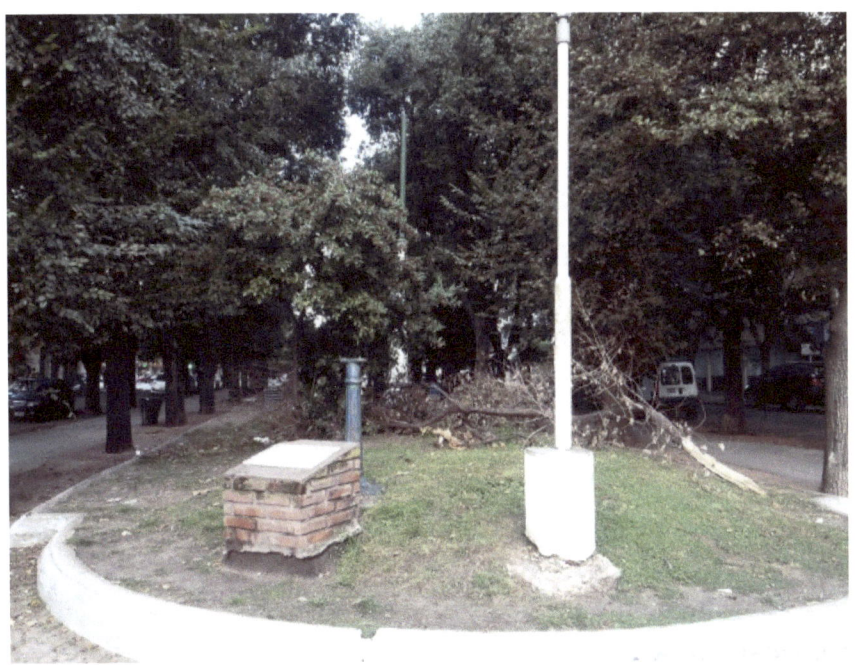

Foto 5: (23 de marzo de 2018)
Plazoleta del Tango
*La placa en homenaje a **Los Bomberos** está muy deteriorada (sobre el pilar a la izquierda). Detrás puede observarse el pie o soporte de un gran cartel ausente.*
Leyenda de la placa a los Bomberos *(Una placa grisácea, de difícil lectura. Sería conveniente recuperarla):*

Aliviar el dolor y socorrer a
muchos sin importar la propia vida
Bomberos de la policía
Buenos Aires – Cuartel Mar del Plata
En su 116 aniversario
1887 – 5 de septiembre – 2003

El soporte azul me sugirió que su cartel anunciaba que esa parte de la Plazoleta estaba reservada para honrar a Los Bomberos. En el libro "Plazas Fundacionales de Mar del Plata" (Lamas, 2014), encontré en la página 155 una ordenanza promulgada el 02/09/1987 que impone el nombre de Cuerpo de Bomberos de la Policía de la Provincia de Buenos Aires a la Plazoleta ubicada en Diagonal Pueyrredon entre Bolívar y Moreno, zona de la Plazoleta del Tango. Hay otra ordenanza que impone el nombre de Plazoleta del Tango a la zona que corresponde a la Plazoleta de los Derechos Humanos. Existe un poco de confusión en las ordenanzas, la de la Plazoleta del Tango tiene fecha de promulgación el 21/09/1995. La clasificación que presento se basa en los carteles que pueden verse en las fotos. En un futuro será sencillo restaurar algunos y adecuar futuros carteles.

Sigue una extensa Plazoleta…
¡Más que sombría!
Una placa gris, de difícil lectura,
en honor al cuerpo de bomberos.
Y… Casi no entiendo…

¡Es la Plazoleta del Tango!

Allí brilla, en la sombra, Agustín Magaldi.
Opuesta, escondida, borrosa,
una pequeña placa nos recuerda
al cantor marplatense Félix Gutiérrez.

En el extremo final,
imponente, tranquilo.
Nos mira Hugo del Carril.
Me parece escuchar, como un susurro…
Un susurro de olas, arrastrado.
Transportado por la suave,
por la fría brisa del mar.
Un susurro que se suma a tantas,
Profundas y bellas, voces tangueras.

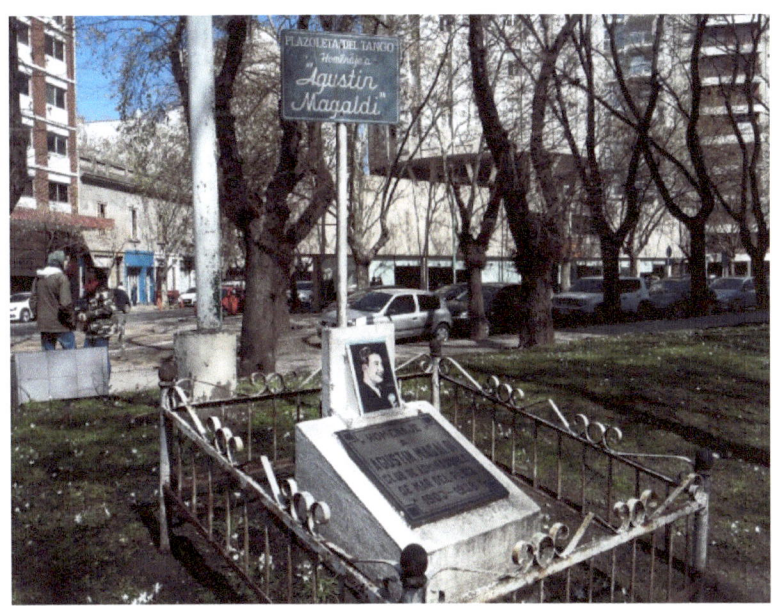

Foto 6: (15 de septiembre de 2016)
Plazoleta del Tango
Agustín Magaldi
Se observa la parte trasera de la placa a
Félix Gutiérrez, se puede leer desde la vereda correspondiente. *(Comentarios: páginas 31)*

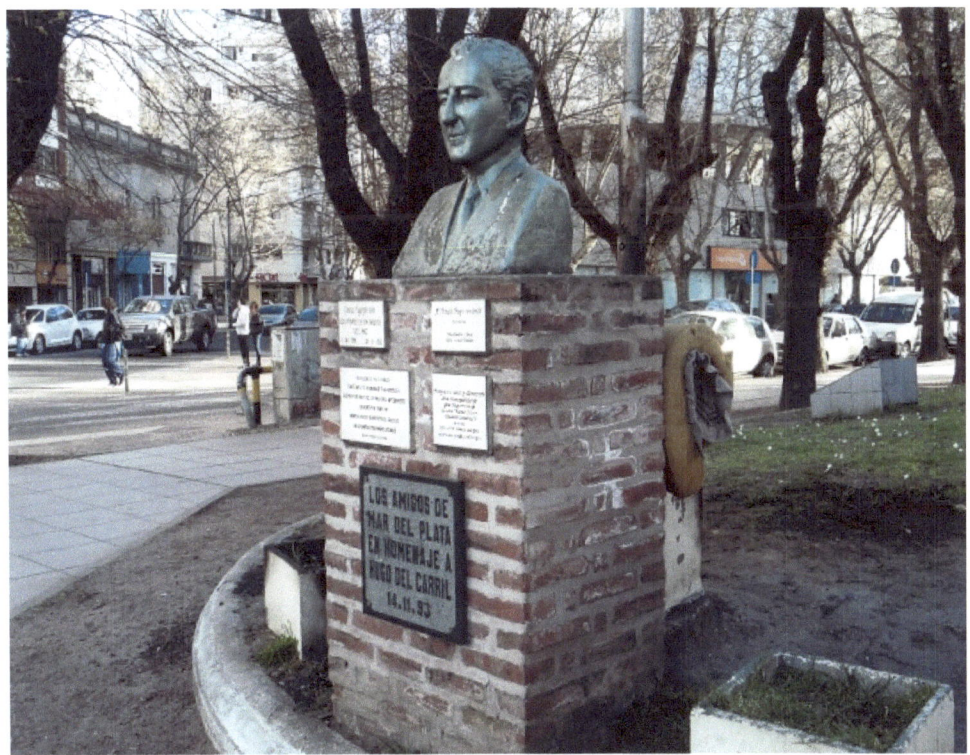

Foto 7: (2 de septiembre de 2016)
Plazoleta del Tango
Hugo del Carril *(Comentarios: páginas 31 y 32)*

PLAZOLETA LUIS L. ZAMENHOF

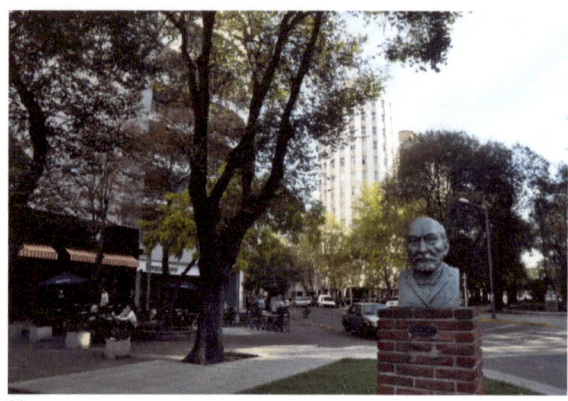

Foto 8: (8 de abril de 2013)
Plazoleta **Luis L. Zamenhof**
*Creador de una lengua universal: **El Esperanto***
Su figura la realizó la escultora marplatense Verónica Perales

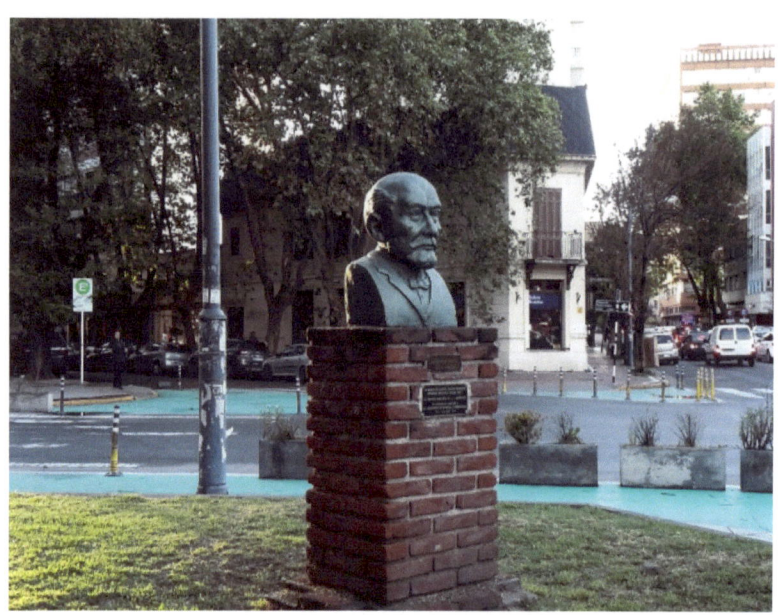

Foto 9: (3 de noviembre de 2017)
Plazoleta Luis L. Zamenhof
Puede observarse una nueva placa colocada el 14 de abril de 2017
*Esa placa rinde homenaje al **Dr. Luis Zamenhof** al cumplirse 100 años de su nacimiento. (Comentarios: páginas 32)*

Aquí está el Dr. Luis Lázaro Zamenhof,
con su sueño de un idioma universal.
¡Esperanto!
Un sueño de fraternidad.
Un sueño para la humanidad.

PLAZOLETA DE LOS DERECHOS HUMANOS

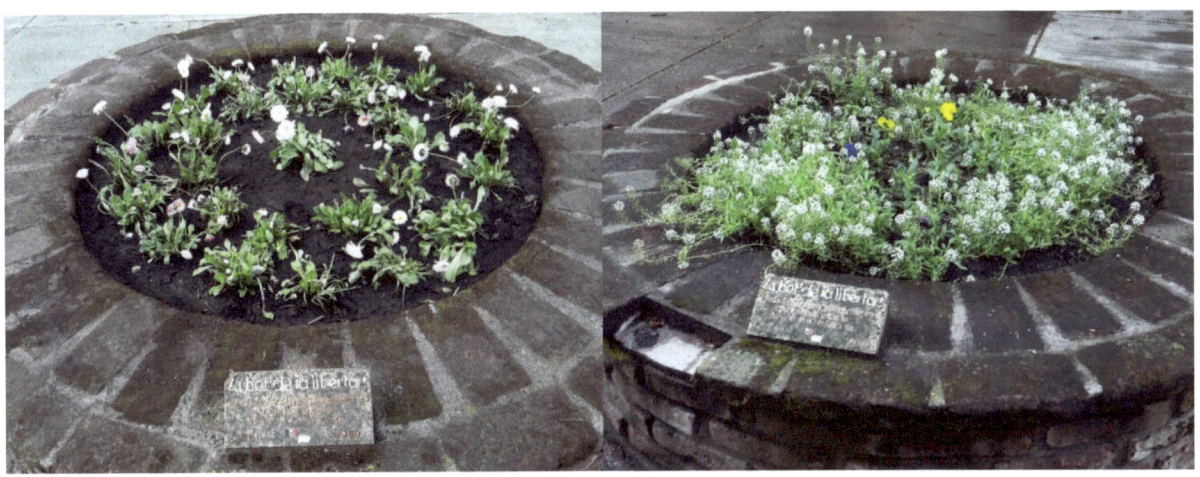

Foto 10: (20 de septiembre de 2016)
Plazoleta de los Derechos Humanos: **Árbol de la libertad**
Foto 11: (3 de noviembre de 2017)
Plazoleta de los Derechos Humanos: **Árbol de la libertad**
Durante el invierno no suele haber ni plantas, ni flores.

¡Qué hermosa! Esta Plazoleta de los Derechos Humanos.
Más con un lugar vacío, parece ser, para el árbol de la libertad.
¿Será un simbolismo? ¿Crecerá?
¿Estará esperando la primavera? ¿Estará aprisionado?
Sin duda… Aguarda a la auténtica libertad.

Caminemos, esperemos…

¡Aquí hay como cinco placas! ¡Siempre hay más!
Sus leyendas entristecen.
Rinden homenaje a los desaparecidos…
Rinden homenaje a Azucena Villaflor.

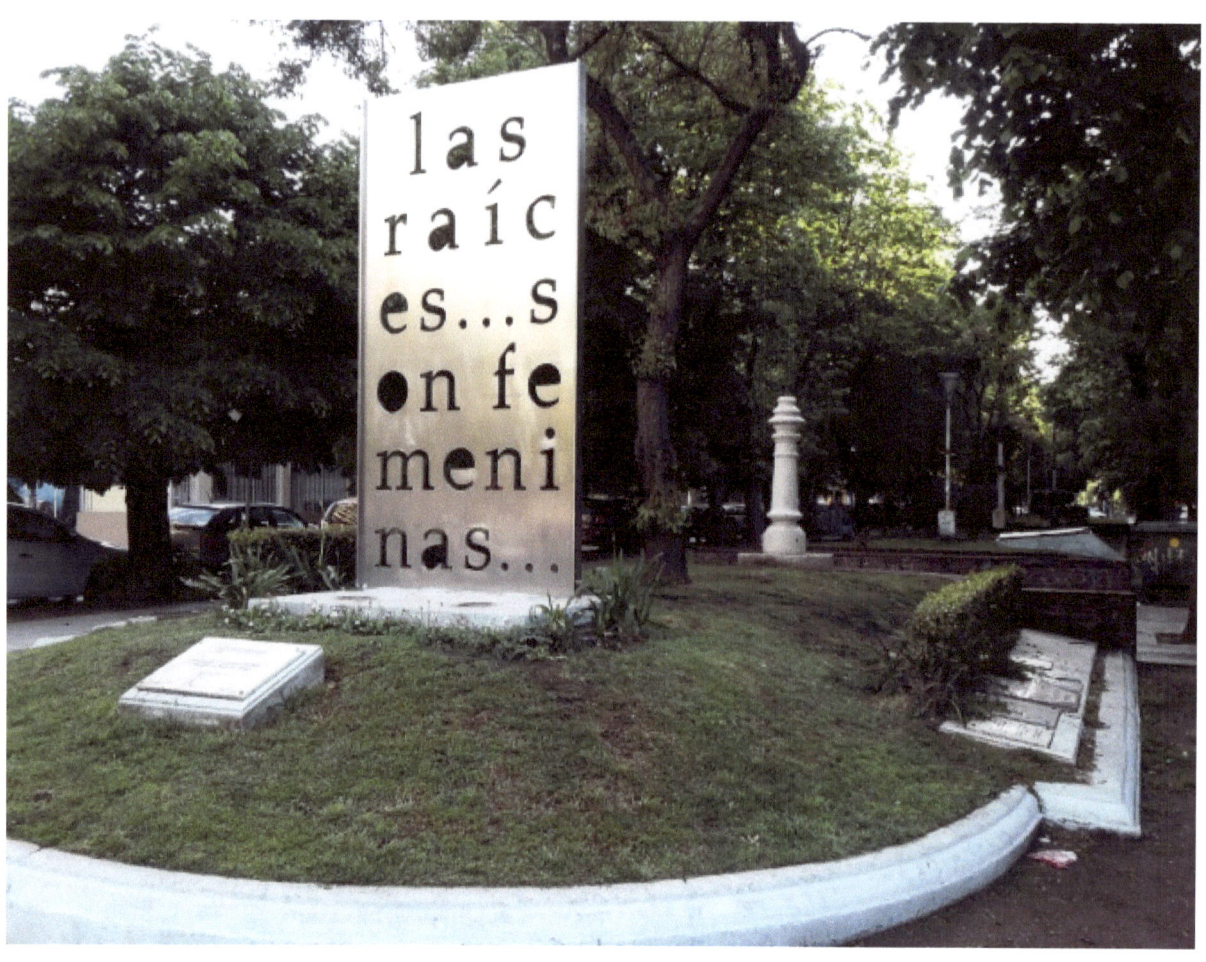

Foto 12: (3 de noviembre de 2017)
Plazoleta de los Derechos Humanos
*Se puede observar la placa 1 en Homenaje a **Azucena Villaflor y las Madres de Plaza de Mayo***
La obra de la artista marplatense Marie Orensanz *(ver la página 33)*
Luce imponente delante de un esbelto ceibo *(ver la página 37)*

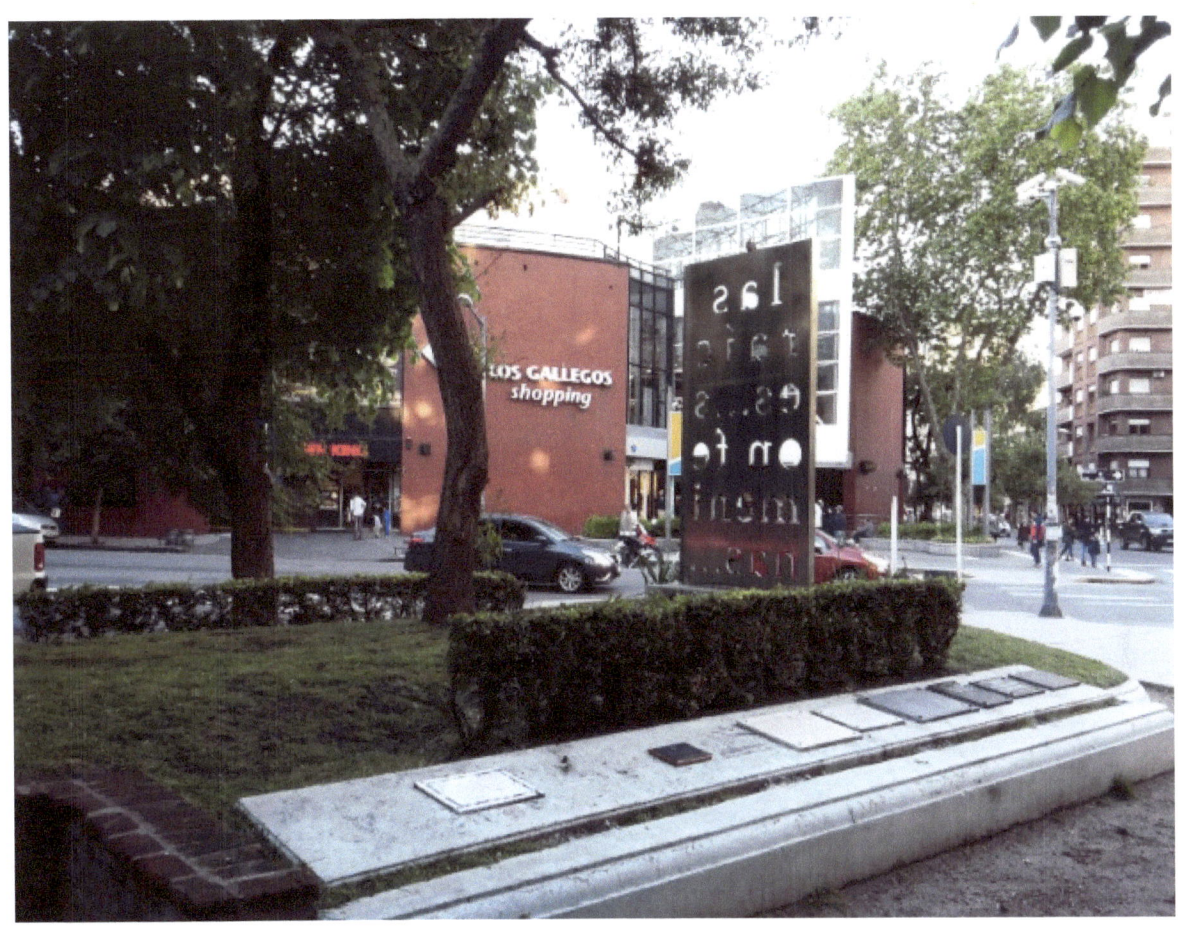

Foto 13: (3 de noviembre de 2017)
Plazoleta de los Derechos Humanos
El conjunto de placas rinde homenaje y nos recuerda a
Los Desaparecidos *durante la dictadura militar.*

¡Aquí hay como cinco placas! ¡Siempre hay más!
Sus leyendas entristecen.
Rinden homenaje a los desaparecidos…
Rinden homenaje a Azucena Villaflor.

PLAZOLETA FORJA

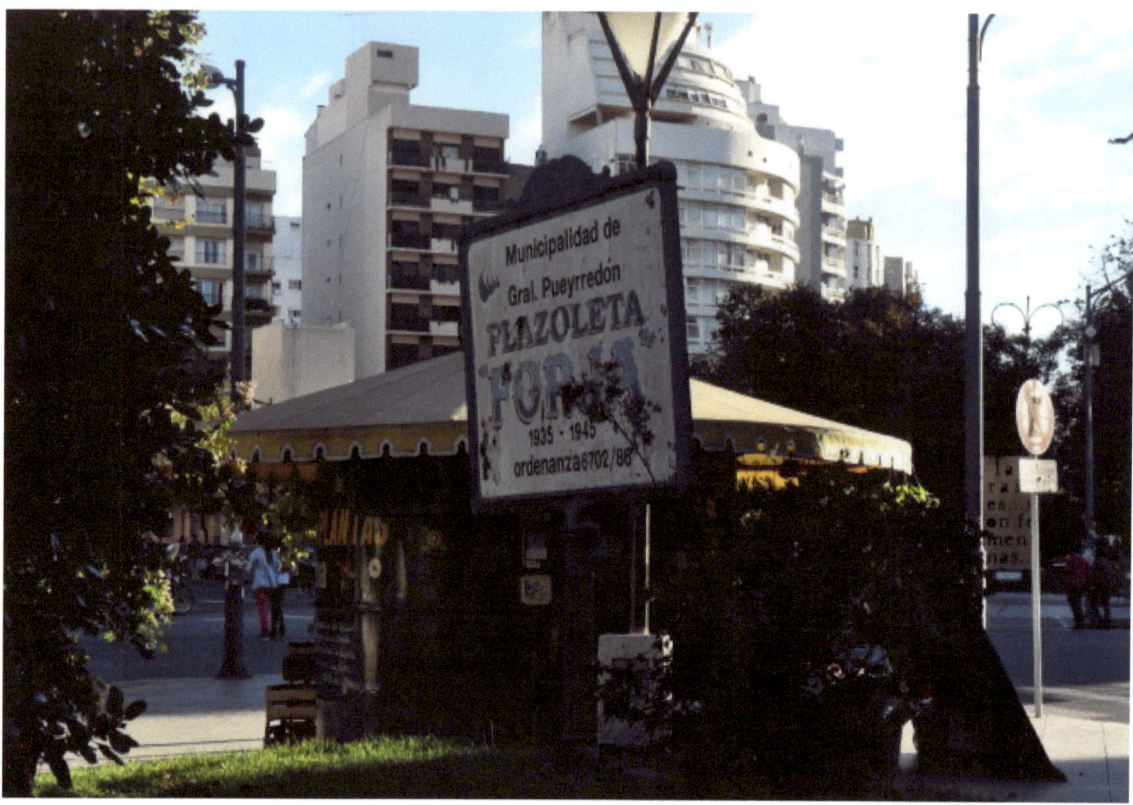

Foto 14: (8 de abril de 2013)
Plazoleta FORJA

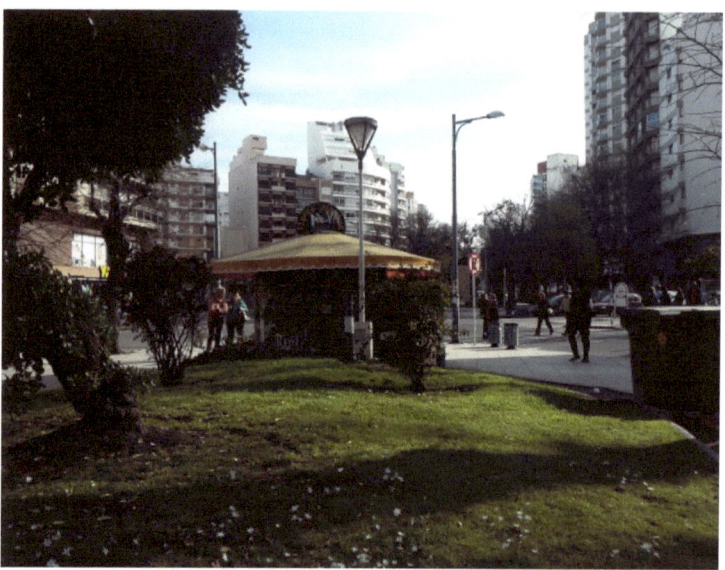

Foto 15: (8 de septiembre de 2016)
*Plazoleta FORJA. Observar que **no está** el cartel con explicaciones registrado en 2013.*

Me gusta mucho la Plazoleta FORJA,
con su radiante quiosco de plantas y flores.
Siempre alguien se acerca, lee y recuerda,
a nuestro inolvidable Arturo Jauretche.

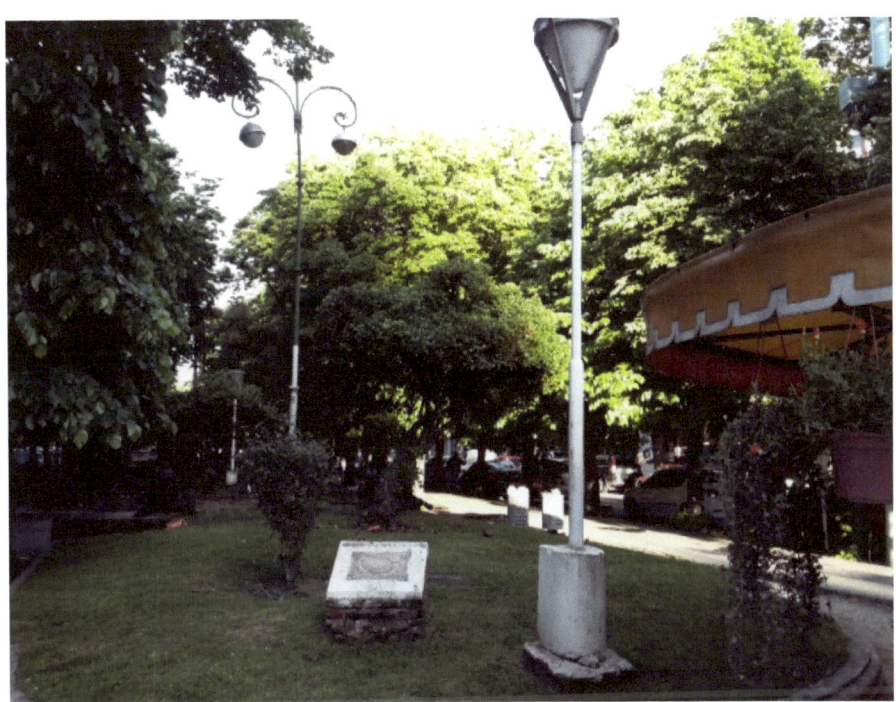

Foto 16: (3 de noviembre de 2017)
Plazoleta FORJA
Se observa un pequeño pilar que espera una placa.
Una placa que recordaba al **Dr. Arturo Jauretche:**

AL
Dr. ARTURO JAURETCHE
COFUNDADOR DE F.O.R.J.A.
13 – 11 – 1901   ~   25 – 5 – 1974
"LA CUESTION ES SABER QUE ELEGIR"
~ LA NACION o EL COLONIAJE.
LA GRANDEZA o LA DEPENDENCIA ~
ASOCIACION BANCARIA
SECC. MAR DEL PLATA   1994

Otros datos importantes se pueden leer en la parte de: **Comentarios** (*páginas 39 a 40*).

PLAZOLETA HIPÓLITO YRIGOYEN

Un poco más allá, un poco alejado.
Allí está Don Hipólito Yrigoyen ¡Un grande!
Su mirada seria y un poco triste se pierde en la ciudad.
No mira la Diagonal, ni adelante, ni hacia atrás.
Está preocupado… su país, nuestro país…
Aún transita con dificultad.

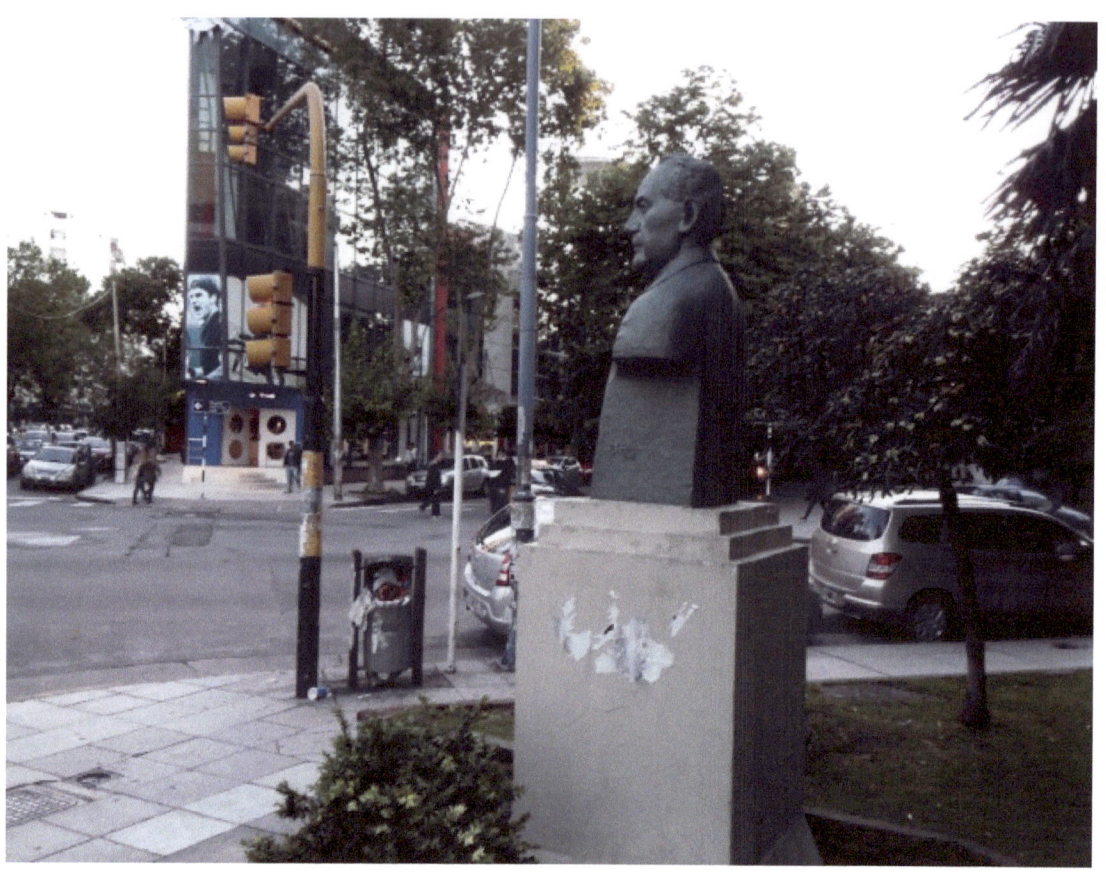

Foto 17: (3 de noviembre de 2017)
Plazoleta Hipólito Yrigoyen, **Presidente Hipólito Yrigoyen**
  Primera presidencia: 1916 – 1922
  Segunda presidencia: 1928 – 1930
Hipólito Yrigoyen, Presidente de los argentinos, es recordado como el padre de los pobres. Elevó el estándar de vida de la clase trabajadora. Introdujo numerosas reformas sociales, entre ellas el acceso universal a la educación pública, mejoras en las pensiones y en el trabajo en las fábricas. Ver más **Comentarios** *(página 40 y 41).*

Esculturas y Placas En las Plazoletas

Comentarios adicionales

El contenido de las placas se fotografió y se verificó.

PLAZOLETA CARLOS GARDEL

Muestro las Placas ubicadas en el monumento a Carlos Gardel. En la placa 2 se indica que el monumento fue inaugurado el 11 de diciembre de 1981. El busto o escultura fue realizado por el escultor **Hidelberg Ferrino** quien nació el 15 de marzo de 1923 en Maipú y falleció el 14 de septiembre de 1997 en Mar del Plata, ciudad en la cual vivió gran parte de su vida. El escultor aseguraba que prefería que sus obras estuvieran en las plazas y lugares públicos: "Comulgando con el aire, el cielo, las aves, a la vista de toda la gente". Sus obras son numerosas en Mar del Plata y en muchas otras ciudades de nuestro país. Su esposa, Elizabeth Eichhorn, creó en 1997 el "Taller Ferrino" en honor a su esposo fallecido. Elizabeth Eichhorn es, actualmente, una muy reconocida escultora en Mar del Plata.

Las siguientes Placas están en el pedestal de la escultura:

Placa 1:

> La Asociación mutual
> De vendedores de diarios
> De Mar del Plata
> A
> Carlos Gardel
> 24 de junio de 1986

Placa 2: placa central

> LA CIUDAD DE MAR DEL PLATA
> A
> CARLOS GARDEL
> 11/ 12/ 81

Placa 3:

> 1985
> AÑO GARDELIANO
> ADHESION
> SOCIEDAD ADMIRADORES DE
> CARLOS GARDEL

Las siguientes Placas no están en el monumento sino en una medianera trasera:

Placa 4:

24 de Junio de 1990
COMISIÓN PERMANENTE DE HOMENAJE A
"CARLOS GARDEL"
Presidente: Rafael Cervino
Integran
AMADEO MANDARINO
Sra. PERLA CARLINO
LUIS DEL RIO
HÉCTOR O. LEMMI
VICENTE ANGELUCCI
NICOLÁS ANGELUCCI
JOSÉ D´ADERIO

Placa 5:

LEPERA
BARBIERI
RIVEROL
AGUILAR
11/ 12 / 81

Placa 6:

A
RAFAEL CERVINO
SOCIEDAD ADMIRADORES
DE CARLOS GARDEL
11 DICIEMBRE 2008

PLAZOLETA ALEJANDRO OLMOS

Muestro la correspondiente Placa y el Cartel en la foto 4. Allí, se recuerda a Alejandro Olmos a los ocho años de su fallecimiento.

"El Pueblo y gobierno del Partido de General Pueyrredon en reconocimiento al patriota e infatigable luchador contra la deuda externa. Alejandro Olmos (1924 – 2000)".

Placa:

O SE ESTÁ AL SERVICIO DEL
PAÍS CONTRA LA DEUDA O
SE ESTÁ AL SERVICIO DE LA DEUDA
EN CONTRA DEL PAÍS.
ALEJANDRO OLMOS
2000 – 24 de abril – 2008
FORO ARGENTINO DE LA
DEUDA EXTERNA
MAR DEL PLATA

PLAZOLETA DEL TANGO

Placa a los Bomberos (Una placa grisácea, de difícil lectura. Sería conveniente recuperarla):

Aliviar el dolor y socorrer a
muchos sin importar la propia vida
Bomberos de la policía
Buenos Aires – Cuartel Mar del Plata
En su 116 aniversario
1887 – 5 de septiembre – 2003

Placa en Homenaje a "Agustín Magaldi":

HOMENAJE
A
AGUSTÍN MAGALDI
CLUB DE ADMIRADORES
DE MAR DEL PLATA
1903 – 1938

Placa en Homenaje a Félix Gutiérrez (Casi no puede leerse):

A NUESTRO CANTOR MARPLATENSE
FELIX GUTIERREZ
DIFUSOR DE LA MÚSICA CIUDADANA
HIJO NUESTRO
EN HOMENAJE A SU MEMORIA
MAR DEL PLATA 6 DE OCTUBRE DE 2002

Escultura en Homenaje a Hugo del Carril

En la base del monumento están colocadas, además, cinco placas:

Placa 1:

Gracias Hugo por todo
LOS OYENTES DE F. M. BRISTOL
102.1 MHZ
13 – 08 – 1989   26 – 01 – 2002

Placa 2:

EN SILENCIO EMOCIONADO
CONTEMPLO EL HOMENAJE TAN MERECIDO
A QUIEN FUE UNO DE LOS MEJORES INTÉRPRETES
DE NUESTRA CANCIÓN.
GRACIAS HUGO DE NOSOTRAS, GRACIAS
UNA ADMIRADORA MARPLATENSE
6 DE MARZO DE 1994

Placa 3:

Al abuelo Hugo con amor
Sus nietos
Maximiliano, Chiara
Sofía.   Licursi Fontana

Placa 4, por la escultura:

Proyecto, idea y donación
A la municipalidad de
Gral Pueyrredon de
Ricardo Vicente Licursi
(Ricardo Sandoval)
14 / 11/ 1993
ESCULTOR: CARLOS LUCERO
RESTAURÓ: ANGELO VITTA 2011

Placa 5, la placa más grande:

LOS AMIGOS DE
MAR DEL PLATA
EN HOMENAJE A
HUGO DEL CARRIL
14 / 11 / 93

HUGO DEL CARRIL *(nombre artístico). 30/11/1912 – 13/08/1989 (Buenos Aires /Argentina).*
Realizó sus primeros pasos artísticos cantando en locales de barrios. Luego tomó clases con una soprano, integró un cuarteto, un trío y en 1935 inició su carrera profesional cantando tangos y milongas en Radio Nacional y luego en Radio El Mundo. En 1936 fue convocado para cantar en una película, inició así un gran desempeño actoral. En 1948 comenzó como Director de Cine. Fue Director, Productor y Actor de algunas de sus películas.
En 1949 grabó la marcha: "Los Muchachos Peronistas"
La última vez que estuvo en Mar del Plata fue en enero de 1988 (Maranghello, 1993).

PLAZOLETA Dr. LUIS L. ZAMENHOF

Placa 1:

DR. LUIS LAZARO ZAMENHOF
CREADOR DEL ESPERANTO

Placa 2:

LA ASOCIACION BUENOS AIRES DE ESPERANTO
(BONAERA ESPERANTO - ASOCIO. "BEA")
AL INSIGNE MAESTRO: Dr. L. L. ZAMENHOF
EN OCASIÓN DE CUMPLIRSE EL
100° ANIVERSARIO DE SU PASO A LA INMORTALIDAD
1917 – 14 DE ABRIL – 2017

LUIS ZAMENHOF *15/12/1859 (Bialystok / Imperio ruso) – 14/04/1917 (Varsovia / Polonia).*
El busto es único en nuestro país, fue realizado por la escultora marplatense Verónica Martínez de Perales y colocado en la Diagonal por la desaparecida "Asociación Lengua Universal Esperanto de Mar del Plata", el 10 de diciembre de 1988.
*El 14 de abril de 2017, una delegación de la "Asociación de Esperanto de Buenos Aires" rindió homenaje al Dr. Zamenhof, al cumplirse 100 años de su muerte (**Placa 2**).*
La lengua internacional nació del sueño juvenil de Luis Lázaro Zamenhof de dar a todos los pueblos de la tierra un medio de comunicación.
Facilitar la enseñanza de una lengua Universal podría prosperar efectivamente con el interés y el sostenimiento de los gobiernos (Centassi y Masson, 2005; Ecco, 2016).

PLAZOLETA DE LOS DERECHOS HUMANOS

En la parte central de esta Plazoleta observamos un cantero circular que en el otoño y en invierno suele estar desierto, en primavera y verano siempre lucen allí hermosas flores. Falta allí el prometido "árbol de la libertad", que anuncia una pequeña y borrosa placa. En la placa leemos, además, con dificultad:

Árbol de la libertad
La comunidad marplatense en el
bicentenario de la
Revolución Francesa

1789   1989

En un extremo de esta Plazoleta luce una obra de la conocida artista Marie Orensanz:

"Las raíces son femeninas"

Marie Orensanz nació en Mar del Plata en 1936.

Placa 1:

Municipalidad del Partido
de General Pueyrredon
Homenaje a Azucena Villaflor
y Madres de Plaza de Mayo
"Las raíces son femeninas"
Marie Orensanz

Ordenanzas 17371 y 18678   30 de abril de 2010   Gustavo Pulti
Decreto 663/09   Intendente Municipal

A la derecha y a la izquierda de la placa central, placa 1, bordeando el pasto, encontramos un conjunto de placas en homenaje a los desaparecidos durante la DICTADURA CÍVICO MILITAR. Detallo esas placas a continuación:

Placa 2:

AZUCENA VILLAFLOR

EL 30 – 04 – 1977 CONVOCASTE A LA PLAZA DE MAYO AL GRUPO DE MADRES
QUE ENFRENTÓ CON CORAJE A LA DICTADURA CÍVICO – MILITAR

EL 10 – 12 – 1977 FUISTE SECUESTRADA,
LLEVADA A LA ESMA, Y ARROJADA AL MAR.

TU MEMORIA NOS ALIENTA A SEGUIR EN LA LUCHA
POR LA VERDAD Y LA JUSTICIA

COMISIÓN PERMANENTE POR LA MEMORIA
LA VERDAD Y LA JUSTICIA
DEL
PARTIDO DE GENERAL PUEYRREDON

Placa 3:

30.000 DETENIDOS-DESAPARECIDOS…
¡PRESENTE!
¡AHORA Y SIEMPRE!
NI OLVIDO NI PERDÓN… ¡JUSTICIA!

COMISIÓN PERMANENTE POR LA MEMORIA.
LA VERDAD Y LA JUSTICIA
DEL PARTIDO DE GENERAL PUEYRREDON
30 DE AGOSTO DE 2008

Placa 4:

a 32 años de sus
desapariciones
Liliana María Iorio
Liliana Beatriz Retegui
Patricia Emilia Lazzeri
Presentes, ahora y siempre
19 de septiembre
1976 – 2008

Porque sabemos la verdad y tenemos memoria,
exigimos justicia.

Comisión por los Juicios "Verdad, Justicia y Memoria" (CJVJM)

Placa 5:

HOMENAJE
A LAS VÍCTIMAS DEL TERRORISMO DE ESTADO

Filler, Silvia.	Stopani, Jorge.	Wilson, Roberto.
Izús, René.	Maggi, Coca.	Crespo, Juan, M.
Elizagaray, Pacho	Sammartino, Roberto.	Azorín, Emilio.
Videla, Jorge.	Soares, Eduardo A.	Tortosa, Ricardo.
Videla, Jorge (h).	Kein, Hugo V.	Tortosa, Juan J.
Videla, Guillermo.	Dell Arco, Jorge.	Muñiz, Dolores.
Goldemberg, Bernardo.	Giles, Hilmar.	Báez, M. Federico.
Gasparri, Daniel.		Báez, M. Ercilia.
Venturi Host, Francisco.		Acevedo de Báez, Agnes.

CJVJM

QUIENES FUERON ASESINADOS POR LA CNU Y LA TRIPLE A
Mar del Plata 1971 – 1976

Porque sabemos la verdad y tenemos memoria, exigimos justicia.

Placa 6:

En memoria de los abogados víctimas del Terrorismo de Estado

Hugo Alais – Daniel Antokoletz – Salvador Arestín – Jorge Candeloro
Norberto Centeno – Tomás Fresneda – Miguel Zabala Rodríguez.

Comisión Permanente por la Memoria, la Verdad y la Justicia

Honorable Concejo Deliberante
Municipalidad del Partido de General Pueyrredon – 6 de julio de 2010

Placa 7:

A los
Militantes de la Resistencia Peronista

Altuna Ángel   Izús René Arnaldo
Álvarez Pedro
Marino Vuelta
PERSEGUIDOS Y TORTURADOS   ASESINADO POR LA
POR EL TERRORISMO DE ESTADO   TRIPLE A – CNU

¡Siguen siendo ejemplo de lucha!

COMISIÓN PERMANENTE POR LA MEMORIA, LA VERDAD Y LA JUSTICIA
PARTIDO GENERAL PUEYRREDON

Mar del Plata, 29 de septiembre de 2012

Placa 8:   Esta placa falta, quedaron sus restos sin inscripción.

Placa 9:

El Honorable Concejo Deliberante
En nombre del Pueblo de Mar del Plata
En homenaje y memoria a la Dra. Beatriz Arza,
Al conmemorarse un año de su fallecimiento.

9 de agosto de 2014

Placa 10:

A más de 40 años de Impunidad se dictó
sentencia en juicio contra Delitos de Lesa
Humanidad cometidos por la C.N.U. en
Mar del Plata en 1974/76.
Reivindicamos a los compañeros y testigos
sobrevivientes y la condena social.

Frente por los DDHH y la dignidad de
Mar del Plata 2017.

Placa 11:

CEIBO
plantado el 23 de mayo de 1988
en homenaje a los
Detenidos Desaparecidos
durante la dictadura militar.
Madres, Abuelas y Familiares
de Detenidos Desaparecidos
de Mar del Plata

Municipalidad del Partido
de General Pueyrredon.

Se puede observar este ceibo en la foto de la página inicial

Placa 12:

NUNCA MÁS
HONORABLE CONCEJO DELIBERANTE
DEL PARTIDO DE
GRAL. PUEYRREDON
29 – AGOSTO   1988

Placa 13:

POR EL DERECHO DE
TODO SER HUMANO
A LA VIDA, A LA LIBERTAD Y
A LA SEGURIDAD DE SER PERSONA
ORGANISMOS DE DERECHOS HUMANOS
DE MAR DEL PLATA
16 – 10 – 1988

Placa 14:

UNIVERSIDAD NACIONAL DE
MAR DEL PLATA
LA UNIVERSIDAD NACIONALDE MAR DEL PLATA
RINDE HOMENAJE A
DOCENTES, ESTUDIANTES Y PERSONAL ADMINISTRATIVO
DETENIDOS, DESAPARECIDOS Y ASESINADOS
ENTRE 1971 Y 1983
Mar del Plata, 24 de marzo de 2009

Placa 15:

En el día Internacional
de las víctimas de
Desaparición Forzada
En memoria de las
Personas L G T B
perseguidas por el
terrorismo de Estado
30 – 08 – 2016

Placa 16:

MEMORIA
VERDAD
y JUSTICIA
24 DE MARZO 1976. 24 DE MARZO 2012
PARTIDO DEL TRABAJO Y DEL PUEBLO
PARTIDO PROYECTO SUR
PARTIDO SOCIALISTA ARGENTINO
(AUTÉNTICO)

Placa 17:

El Estado Terrorista lo secuestró en octubre de 1976
hasta junio de 1979.
Actualmente se encuentra
DESAPARECIDO
desde el 18 de septiembre de 2006.

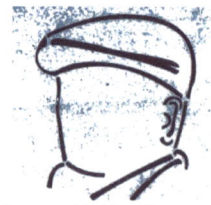

Jorge Julio Lopez

Frente por los DDHH y la Dignidad de Mar del Plata
Septiembre de 2017.

PLAZOLETA F.O.R.J.A.

Placa 1: En la actualidad falta, pero quedó el pilar que la contenía, observar la foto 16, pág. 25.

AL
Dr. ARTURO JAURETCHE
COFUNDADOR DE F.O.R.J.A.
13 – 11 – 1901 ~ 25 – 5 – 1974
"LA CUESTION ES SABER QUE ELEGIR"
~ LA NACION o EL COLONIAJE.
LA GRANDEZA o LA DEPENDENCIA ~
ASOCIACION BANCARIA
SECC. MAR DEL PLATA   1994

ARTURO JAURETCHE 13/11/1901 (Lincoln /Argentina) – 25/05/1974 (Buenos Aires /Argentina).
F.O.R.J.A., Fuerza de Orientación Radical de la Juventud Argentina. La organización fue fundada el 29 de junio de 1935, impulsó una postura Yrigoyenista y fue disuelta en 1945 porque sus objetivos se habían alcanzado.
El Dr. Arturo Jauretche fue un pensador, escritor, ensayista y político argentino. Fue un gran crítico y protagonista de la historia argentina (Jauretche, 2009).

Placa 2:

EN ESTE LUGAR FUNCIONÓ LA
CARPA DE LA SOLIDARIDAD
13 – 7 – 94   AL   24 – 2 – 95

EL SINDICATO LUZ Y FUERZA MAR DEL PLATA EN
RECONOCIMIENTO AL ESFUERZO DE LOS
TRABAJADORES Y LA COMUNIDAD MARPLATENSE
EN DEFENSA DE E S E R A SA
PATRIMONIO DE TODOS LOS BONAERENSES

MAR DEL PLATA 24 – 2 – 95

Placa 3:

EN MEMORIA DE MIGUEL MONUERA
UN BUEN COMPAÑERO
PROTAGONISTA DE "LA CARPA DE LA SOLIDARIDAD"
SU MUERTE SERVIRÁ DE EJEMPLO PARA
CONTINUAR LA LUCHA
8/5/52 ~ 13/3/95
SINDICATO DE LUZ Y FUERZA
MAR DEL PLATA 26 de abril de 1995

Placa 4:

PLAZOLETA
FORJA
1935 – 1945
ORD. N° 6702
PROMULGADA EL 18 – 12 – 1986

Es una pequeña placa que reemplaza al pintoresco cartel que se muestra en la **Foto 14** del 2013 y a la placa faltante (**placa 1**) cuyo pilar o soporte se muestra en la **Foto 16** y que puede en este momento observarse en la plaza. La placa 4 fue colocada en el año 2018.

Al finalizar la Plazoleta FORJA, antes de cruzar la calle Rivadavia, se encuentra una parte del:
ANTIGUO MOLINO DE PIEDRA DEL MOLINO HARINERO PEDRO LURO
Se extrajo la siguiente información de un trabajo del Arquitecto Roberto Osvaldo Cova:

Alrededor de 1881, don Pedro Luro construyó un molino movido por el agua del arroyo Tajamar, el arroyo del puerto. En 1886 Pedro Luro viajó a Francia, donde falleció en 1890. El molino fue vendido en 1898 y en 1910 el sistema fue sustituido por modernas máquinas, el sistema Simón de Manchester (Cova, 2006).

PLAZOLETA HIPÓLITO YRIGOYEN

El busto fue realizado por el escultor argentino Hidelberg Ferrino (ver página 28).

Placa 1:

"LA CIUDAD DE
MAR DEL PLATA A
Don HIPOLITO YRIGOYEN
FEBRERO – 1993"

Placa 2:

Unión
U C R   Cívica
Radical
HOMENAJE A DON HIPOLITO YRIGOYEN
A LOS 70 AÑOS DE SU FALLECIMIENTO
MAR DEL PLATA 3 DE JULIO DE 2003

HIPÓLITO YRIGOYEN *12/07/1852 – 3/07/1933 (Buenos Aires /Argentina).*
Hipólito Yrigoyen nació en Buenos Aires el 12 de Julio de 1852 y falleció el 3 de julio de 1933. Fue un maestro de escuela.

En 1889 nuestro país estaba convulsionado por una grave crisis económica que llevaba ya dos años. Los salarios caían, crecía la desocupación y había huelgas. En ese momento el Presidente era Miguel Juárez Celman. El primero de septiembre de 1889 un grupo de jóvenes constituyó la Unión Cívica de la Juventud, en apoyo a Leandro Alem (tío de Hipólito Yrigoyen). Bernardo de Irigoyen, Bartolomé Mitre, Vicente Fidel López, quienes eran políticos destacados del momento, sancionaron un programa como el del Partido Republicano de 1877 que había sido fundado por Alem y Aristóbulo Del Valle. Pronto, en 1890, constituyeron la Unión Cívica y como Presidente nombraron a Leandro N. Alem y el 26 de julio de ese año los jóvenes protagonizaron la Revolución del Parque, la cual provocó la caída del Presidente Juárez Celman.

En 1891 Hipólito Yrigoyen participó de la fundación de la UCR (Unión Cívica Radical) junto a su tío, Leandro Alem, líder de la misma. En 1896 asumió su conducción.
Hipólito Yrigoyen influyó en la sanción de la Ley Sáenz Peña realizada en el Congreso el 2 de febrero de 1912. La Ley estableció el voto secreto, universal y obligatorio para los hombres.
Los radicales estuvieron en el poder desde 1916 hasta 1930. Transcurrieron muchos años de perseverancia, de lucha.

Presidencias:
Hipólito Yrigoyen: 1916 – 1922
Marcelo Torcuato de Alvear: 1922 – 1928
Hipólito Yrigoyen: 1928 – 1930
El 6 de septiembre de 1930, el Presidente Hipólito Yrigoyen fue destituido por una corte militar encabezada por el General José Félix Uriburu.
Hipólito Yrigoyen, Presidente de los argentinos, es recordado como el padre de los pobres. Elevó el estándar de vida de la clase trabajadora. Introdujo numerosas reformas sociales, entre ellas el acceso universal a la educación pública, mejoras en las pensiones y en el trabajo en las fábricas (Consultado en **wikipedia***).*

Hipólito Yrigoyen, Presidente de los argentinos. "Con esfuerzo tesonero se volcó hacia las multitudes argentinas cuando se halló en el gobierno del país. Puede que no haya estado preparado para las elevadas funciones que el Estado moderno demanda, pero no se podrá negar que su política exterior estuvo inspirada en principios éticos que enaltecieron a la República".
(Sabsay y Etchepareborda, 1998).

Referencias Bibliográficas

Centassi, René y Masson, Henri. (2005). *El hombre que desafió a Babel.* GRAM Ediciones. ISBN 978-84-88519-15-3

Cova, Roberto O. (2006). *El Barrio del Oeste 1876 – 1940. Trabajo del historiador marplatense: Arquitecto Roberto Osvaldo Cova.* Autoedición. ISBN 978-987-05-0897-7

Ecco, Umberto. (2016). *La búsqueda de la lengua perfecta.* Editorial Crítica, España. ISBN13 97884989929201

Jauretche, Arturo. (2009). *Las Polémicas: polémicas 1.* (2ªedición). Ediciones Colihue S.R.L. ISBN 978-950-563-795-9

Lamas, Marta. (2014). *Plazas Fundacionales de Mar del Plata – En busca del Paraíso.* Autoedición. ISBN 978-987-3657-10-8

Maranghello, César. (1993). *Los Directores del cine argentino, HUGO DEL CARRIL.* Centro Editor de América Latina S. A. ISBN 950-25-3157-4

Sabsay, Fernando y Etchepareborda, Roberto. (1998). *YRIGOYEN-ALVEAR -YRIGOYEN.* Ciudad Argentina. Editorial de Ciencia y Cultura. ISBN 987-507-086-6

www.ingramcontent.com/pod-product-compliance
Lightning Source LLC
Chambersburg PA
CBHW040415220526
45473CB00004B/1252